Fred Chesneau

maroc

Photos de Bernhard Winkelmann

MANGO

Le Globe-Cooker au Maroc
Les recettes d'un cuistot sans frontières

Globe-Cooker : le nom est lâché ! Ce faux anglicisme (*cooker* signifiant poêle en anglais) s'est naturellement imposé à moi pour résumer mon métier de cuisinier globe-trotter.

L'idée première est d'explorer un pays au travers de sa cuisine et surtout des gens qui la font. Pousser les portes d'un restaurant, m'inviter à la table du voisin, m'acoquiner avec la mama locale pour glaner des recettes, des tours de main, des associations, mais aussi prendre le temps de partager le quotidien de ces personnes.

Dans cet ouvrage, bienvenue au Maroc, un pays qui nous est à tous très familier. Même ceux qui n'y ont encore jamais mis les pieds ont au moins mangé une fois dans leur vie un couscous ou un tagine. Ce n'est d'ailleurs pas par hasard que le couscous remporte tous les suffrages lorsque l'on interroge les Français sur leur plat préféré ! Indépendamment de mon amour inconditionnel pour ce pays et ses habitants, je suis particulièrement sensible à cette cuisine basée, plus que partout ailleurs au monde, sur le partage, la générosité, la patience et le don de soi. C'est avant tout une affaire de femmes, et gare aux hommes qui souhaiteraient s'y aventurer ! C'est pourquoi, je ne remercierai jamais assez toutes ces cuisinières qui m'ont ouvert leur cuisine, leurs secrets et leur cœur…

À mon tour de vous en faire profiter au travers de cet ouvrage et de mes 15 recettes coups de cœur.

Bismi Lah ! (Bon appétit !)

Fred Chesneau, le Globe-Cooker

Accordons nos violons !

La cuisine marocaine, tout le monde l'apprécie, mais peu s'y aventurent pour un tas de bonnes et mauvaises raisons : « je ne suis pas équipé », « je ne sais pas utiliser les épices », « je n'ai pas le temps »... Voici quelques conseils qui, je l'espère, sauront vous désinhiber :

On s'équipe, mais pas trop...

Couscoussier *or not* couscoussier ? *That's the question !* Certes, pour la recette de couscous figurant dans cet ouvrage, cet accessoire est plus que recommandé. Il en existe de toutes les tailles, donc pas d'affolement quant au rangement. Et puis, sachez qu'il vous servira tout au long de l'année, notamment comme cuit-vapeur ou en tant que simple faitout. Quant au plat à tagine, ce n'est vraiment pas superfétatoire : c'est à la fois votre plat de cuisson et de (jolie !) présentation.

Courez chez votre épicier arabe !

Ce serait bien le diable si vous ne disposiez pas à proximité de chez vous d'une petite épicerie arabe. Véritable caverne d'Ali Baba, vous y trouverez toutes les épices et les condiments indispensables. Et puis au pire, pas de stress : de nombreux supermarchés traditionnels sont désormais pourvus de rayons « cuisine du monde ».

« Ton œil, c'est ta balance »

Proverbe qui sévit chez toutes les cuisinières du Maroc. La cuisine est, pour elles, tellement instinctive, qu'elles ne s'encombrent pas comme nous de mesures précises. Grammes, litres, cuillerées à soupe ont vite fait de se transformer en *chouïa* (un peu de...). N'hésitez pas à récupérer ce principe à votre compte....

Gardez vos RTT pour une autre occasion !

Non, la cuisine marocaine ne signifie pas systématiquement que votre journée sera flinguée, du moins pas avec les recettes de cet ouvrage. Je vous laisse juge...

Mea culpa

Toujours pour la sauvegarde de vos RTT, j'ai volontairement « banni » les pâtisseries et douceurs marocaines, pourtant si délicieuses. Il est clair qu'elles nécessitent beaucoup de temps, énormément de patience, et surtout un tour de main que seules les Marocaines maîtrisent. Bref, tout pour vous décourager et vous dire : « la cuisine marocaine, ce n'est pas pour moi » !

Misez sur la déco !

Loin de moi l'idée de vous inciter à relooker votre intérieur en palais des *Mille et Une Nuits* sous prétexte que vous cuisinez marocain ! Toutefois, rien de mieux que de jouer la cohérence jusqu'au bout en personnalisant votre décoration de table : une vaisselle colorée, des pétales de roses négligemment éparpillés sur la nappe, quelques petites bougies... Ça sent déjà bon !

Kesako ?

Semoule

Il existe trois calibres de grain – fin, moyen, gros. Les deux premiers se trouvent dans la moindre supérette. Perso, j'utilise le deuxième, juste compromis pour une consistance parfaite et une cuisson qui supporte des erreurs de timing.

Feuille de brick

On l'appelle aussi *ouarka*. Elle est désormais vendue dans TOUS les supermarchés de France. Elle se conserve plusieurs semaines au réfrigérateur.

À moins d'avoir été fraîchement débarqué sur Terre par les extraterrestres, tout le monde est familier avec les ingrédients de base de la cuisine marocaine. Allez, juste pour le fun, voici une petite remise à niveau...

Cumin

À toutes les sauces ! Cette épice se retrouve dans quasiment tous les plats et procure ce petit je-ne-sais-quoi qui nous transporte instantanément là-bas !

Safran

Attention ! Quelques pistils suffisent ! Son arôme s'amplifie au fur et à mesure de la cuisson. Un chouïa de trop et votre plat devient immangeable. Autre épice, le curcuma, appelé safran du pauvre : seule la couleur qu'il apporte au plat peut justifier cette analogie.

Raz-el-hanout

Traduit littéralement par « la tête du magasin ». Mélange de 27 épices, dont notamment la cannelle, le gingembre, le curcuma, la noix de muscade, le cumin... Ne comptez pas sur moi pour vous donner les proportions : je n'ai jamais réussi à les soutirer à l'épicier du coin !

Eau de fleur d'oranger

Originaire d'Inde, cette eau aromatisée est obtenue par distillation des fleurs du bigaradier, l'oranger amer. Outre son incroyable parfum, elle offre des vertus calmantes. Ayez cependant la main légère lorsque vous l'utilisez ! À l'instar du safran, un chouïa de trop et tout s'écroule...

Herbes aromatiques

Menthe, persil plat, coriandre
(appelée également « persil arabe »)
forment la triplette gagnante
de la cuisine marocaine. On en
trouve bien sûr partout en France,
notamment sur tous les marchés.
Privilégiez les vendeurs marocains
qui disposent toujours d'herbes
incroyablement fraîches et garnies.
Cela vaut aussi pour leurs fruits
et légumes...

Cannelle

Le Maroc est le seul pays du
Maghreb à utiliser la cannelle
dans la cuisine. Autre singularité
marocaine : on se sert toujours
de gingembre en poudre et jamais
frais.

Recettes

Mini-pastillas au poulet

C'est le plat marocain par excellence, l'ambassadeur culinaire du Maroc dans le monde entier. C'est surtout le plat des grandes occasions. C'est à Fez, berceau de la gastronomie marocaine, que m'a été délivrée cette recette.

Préparation : 45 minutes
Cuisson : 1 heure (la farce), 15 minutes (les pastillas)

INGRÉDIENTS POUR 6 PERSONNES

6 feuilles de brick	1 bouquet de persil haché
1 poulet coupé en morceaux	100 g de beurre fondu
6 œufs	20 cl d'huile d'arachide
250 g d'amandes entières émondées	50 g de sucre glace
500 g d'oignons hachés	3 cuillerées à soupe de sucre semoule
3 cuillerées à café de cannelle en poudre	1 cuillerée à café de sel
1 bonne pincée de safran	1 cuillerée à café de poivre moulu

1. Dans une cocotte, mettez les morceaux de poulet, les oignons, le persil, le safran, le sel, le poivre et 1 litre d'eau. Portez à ébullition, couvrez, puis laissez mijoter 1 heure à feu doux. Égouttez le poulet en laissant le bouillon dans la cocotte.

2. Faites réduire le bouillon de moitié à feu moyen. Ajoutez le sucre semoule et la cannelle. Incorporez les œufs, mélangez et prolongez la cuisson sans cesser de remuer jusqu'à ce que la sauce prenne une consistance de farce. Égouttez-la dans une passoire et réservez.

3. Dépiautez et désossez le poulet. Effilochez la chair.

4. Dans une sauteuse, faites chauffer l'huile puis faites dorer les amandes 5 minutes à feu moyen. Hachez-les.

5. Badigeonnez 1 feuille de brick de beurre fondu à l'aide d'un pinceau. Étalez au centre 2 cuillerées à soupe de farce en forme de disque de 6 cm de diamètre. Recouvrez la farce de chair de poulet, puis saupoudrez d'amandes hachées. Préchauffez le four à 210 °C (th. 7).

6. À l'aide d'un couteau, faites une dizaine de franges, en partant du centre de la feuille de brick vers l'extérieur. Refermez les bricks en rabattant les franges sur la farce au poulet. Réalisez ainsi les autres pastillas. Disposez-les sur la plaque du four garnie de papier sulfurisé.

7. Enfournez et faites cuire 15 minutes afin qu'elles soient dorées. Saupoudrez de sucre glace et servez aussitôt.

Mes petites salades marocaines

*Tomates et carottes : les cousines inséparables des entrées marocaines !
Toutes simples et pourtant délicieuses. En entrée ou en accompagnement,
au déjeuner ou au dîner... Et en plus, on ne s'en lasse pas !*

Préparation : 15 minutes + 1 heure au réfrigérateur
Sans cuisson

INGRÉDIENTS POUR 6 PERSONNES

Pour la salade de tomates

6 tomates

1 gros oignon

¼ de bouquet de persil plat

Pour la vinaigrette

2 cuillerées à soupe de vinaigre
de vin rouge

2 cuillerées à soupe d'huile d'olive

1 pincée de sel

4 tours de moulin à poivre

Pour la salade de carottes à l'orange

8 grosses carottes

4 oranges

1 poignée d'amandes effilées torréfiées

1 cuillerée à soupe d'eau de fleur
d'oranger

100 g de sucre glace

1. Préparez la salade de tomates : pelez et hachez l'oignon. Hachez le persil.

2. Épépinez les tomates et coupez-les en petits dés.

3. Dans un saladier, mélangez les tomates, l'oignon et le persil. Ajoutez les ingrédients de la vinaigrette et mélangez le tout.

4. Préparez la salade de carottes à l'orange: pelez et râpez les carottes. Pressez les oranges.

5. Dans un saladier, mélangez les carottes râpées, le jus des oranges, le sucre et l'eau de fleur d'oranger. Réservez 1 heure minimum au réfrigérateur.

6. Au moment de servir, parsemez la salade d'amandes effilées torréfiées.

Le petit plus   *Pour torréfier les amandes effilées, répartissez-les sur une plaque
et faites-les dorer dans un four préchauffé à 180 °C (th. 6) pendant
5 minutes environ.*

Briouats aux crevettes et à la menthe

On s'en fait tout un monde, mais je vous promets, ces mythiques petits chaussons se préparent avec une facilité déconcertante.

Préparation : 30 minutes
Cuisson : 12 minutes

INGRÉDIENTS POUR 24 BRIOUATS

6 feuilles de brick

250 g de fromage de chèvre frais (type Chavroux®)

12 crevettes roses décortiquées coupées en deux

1 jaune d'œuf

½ botte de menthe hachée

50 cl d'huile de tournesol

Sel, poivre du moulin

1. Écrasez le fromage de chèvre avec la menthe, 1 pincée de sel et 6 tours de moulin à poivre.

2. Disposez 1 feuille de brick sur votre plan de travail et taillez 4 bandes de 5 cm de large dans la hauteur.

3. Déposez 1 cuillerée à café de farce au chèvre sur la partie inférieure de chaque bande. Enfoncez légèrement ½ crevette dans le petit tas de farce puis repliez la bande du bas vers le haut en formant un triangle. À l'aide d'un pinceau, badigeonnez de jaune d'œuf le haut de la bande de manière à coller les bords. Réalisez ainsi les autres briouats.

4. Faites chauffer l'huile dans un wok ou une sauteuse, puis plongez les briouats six par six. Laissez cuire 2 à 3 minutes afin qu'ils soient bien dorés. Égouttez-les sur un papier absorbant et dégustez.

Le petit plus — *Placez les briouats au fur et à mesure dans le four préchauffé à 160 °C (th. 5-6) pour les maintenir au chaud.*

Bissara

Considérée comme « la soupe du pauvre » au Maroc, c'est un trésor d'onctuosité et de saveurs. On la déguste dans la rue au petit-déjeuner. Mais elle sera parfaite chez vous en guise d'entrée.

Préparation : 5 minutes
Cuisson : 5 minutes

Ingrédients pour 6 personnes

500 g de fèves pelées surgelées
1 gousse d'ail
1 cuillerée à café de cumin en poudre
1 cuillerée à café de paprika

2 cubes de bouillon de volaille
6 cuillerées à soupe d'huile d'olive
Sel et poivre du moulin

1. Dans une casserole, portez à ébullition 50 cl d'eau avec les cubes de bouillon, puis laissez mijoter le temps de préparer la recette.

2. Plongez les fèves dans un grand volume d'eau bouillante et faites-les cuire 5 minutes.

3. Pelez et râpez l'ail.

4. Égouttez les fèves. Ajoutez l'ail et le bouillon, puis mixez le tout à l'aide d'un mixeur plongeant (ou d'un robot). Rectifiez l'assaisonnement.

5. Servez cette soupe brûlante dans des bols. Saupoudrez le dessus d'un trait de paprika et de cumin. Ajoutez 1 cuillerée à soupe d'huile d'olive par bol.

6. Accompagnez cette délicieuse soupe de petits pains marocains (voir page 48).

Le petit plus *En été, n'hésitez pas à servir cette soupe glacée. Allongez-la avec un peu de crème liquide de manière à la rendre plus fluide et plus onctueuse.*

Keftas comme là-bas

Terminée la sempiternelle côte de bœuf tout bêtement grillée...
Place à ces savoureuses petites brochettes qui feront la joie des petits
et des grands ! Vos barbecues d'été vont prendre un sacré coup de jeune.

Préparation : 20 minutes
Cuisson : 6 minutes

INGRÉDIENTS POUR 6 PERSONNES

600 g de viande de bœuf hachée	½ botte de persil hachée
1 œuf	2 cuillerées à soupe de chapelure
1 gros oignon doux haché	3 cuillerées à soupe d'huile d'olive
2 gousses d'ail râpées	½ à café de sel
1 grosse poignée de câpres	8 tours de moulin à poivre
1 cuillerée à café (rase) de cumin en poudre	

1. Dans un saladier, mélangez soigneusement la viande hachée avec le reste des ingrédients.

2. Façonnez des boulettes ovales de la taille d'un kiwi en les roulant entre la paume de vos mains. Enveloppez-les de film alimentaire et placez-les au congélateur pendant 20 minutes.

3. Sortez les boulettes, retirez le film alimentaire et piquez-les d'un bâtonnet en bois comme pour un esquimau.

4. Faites cuire les keftas au barbecue ou dans une poêle antiadhésive 6 minutes à feu moyen en les retournant régulièrement pour une cuisson uniforme.

Le petit plus Accompagnez ces brochettes d'une délicieuse purée de fèves à la coriandre : faites cuire 1 kg de fèves pelées (surgelées) à l'eau bouillante pendant 5 minutes. Égouttez-les et mixez-les avec 1/2 botte de coriandre et 3 cuillerées à soupe de crème fraîche. Salez et poivrez.

Sardines farcies aux olives et aux pignons

Enfin, une recette qui nous affranchit des sempiternelles sardines grillées à la plancha ! La puissance du goût naturel de la sardine associé à la petite pointe d'acidité des olives et au croustillant de la farce... C'est tout simplement divin !

Préparation : 20 minutes
Cuisson : 12 minutes

Ingrédients pour 6 personnes

12 sardines fraîches levées en filets	3 cuillerées à soupe de pignons de pin
12 olives vertes dénoyautées hachées	Le zeste de ½ citron râpé
12 olives noires dénoyautées hachées	½ bouquet de coriandre hachée
2 cuillerées à soupe de chapelure	10 cuillerées à soupe d'huile d'olive
1 gousse d'ail hachée	Sel, poivre du moulin

1. Préchauffez le four à 220 °C (th. 7-8).

2. Préparez la farce : dans un saladier, mélangez soigneusement les olives, l'ail, la coriandre, la chapelure, les pignons de pin, le zeste de citron et 6 cuillerées à soupe d'huile d'olive. Salez et poivrez.

3. Répartissez les 24 filets de sardines sur le plan de travail, côté peau en-dessous. Tartinez l'intérieur des sardines de farce. Enroulez-les sur elles-mêmes du haut vers la queue et maintenez-les avec un cure-dent.

4. Disposez les sardines farcies dans un plat allant au four. Arrosez-les avec le reste d'huile d'olive.

5. Enfournez et laissez cuire 12 minutes.

6. Accompagnez cette recette d'une simple salade d'herbes assaisonnée d'un filet d'huile d'olive et de citron ou, en hiver, d'un écrasé de pommes de terre à l'huile d'olive.

Le petit plus — *Pour torréfier les pignons de pin, répartissez-les sur une plaque et passez-les au four préchauffé à 200 °C (th. 6-7) pendant 5 minutes.*

Tagine express de poulet aux citrons confits

La très grande classe ! En plus d'être délicieuse, cette recette est d'une simplicité déconcertante. À vous de juger...

Préparation : 20 minutes
Cuisson : 1 h

INGRÉDIENTS POUR 6 PERSONNES

1 poulet découpé en morceaux
150 g d'olives violettes dénoyautées (dans les épiceries arabes et boutiques spécialisées)
2 citrons confits (dans les épiceries arabes ou en bocal dans de nombreux supermarchés)
1 gros oignon haché
3 gousses d'ail hachées

2 pincées de safran
1 cuillerée à café de gingembre en poudre
3 cuillerées à soupe de persil plat haché
3 cuillerées à soupe de coriandre hachée
50 g de beurre
4 cuillerées à soupe d'huile d'olive
1 cuillerée à café de sel
8 tours de moulin à poivre

1. Préchauffez le four à 180 °C (th. 6). Retirez et jetez la chair des citrons et coupez l'écorce en fines lanières.

2. Assaisonnez les morceaux de poulet avec la moitié du sel et du poivre. Faites chauffer l'huile d'olive dans une cocotte, puis faites dorer les morceaux de poulet à feu vif (procédez en deux fois). Réservez sur une assiette.

3. Dans la cocotte, faites fondre le beurre à feu moyen. Ajoutez l'oignon haché et remuez jusqu'à ce qu'il devienne translucide. Incorporez l'ail, le gingembre, le safran et le reste de sel et de poivre. Mélangez bien. Remettez les morceaux de poulet dans la cocotte et remuez le tout pour bien les enrober. Versez 30 cl d'eau chaude et portez à ébullition. Couvrez et enfournez la cocotte pendant 15 minutes. Baissez alors le thermostat à 150 °C (th. 5) et prolongez la cuisson 30 minutes environ.

4. Ajoutez l'écorce de citron confit, les olives et les herbes hachées, rectifiez l'assaisonnement en sel et poivre, puis laissez cuire encore 15 minutes.

Le petit plus Servez ce tagine avec une semoule mentholée : dans une casserole, portez à ébullition 30 cl d'eau avec 1 cube de bouillon de volaille et 3 cuillerées à soupe d'huile d'olive. Éteignez le feu et versez 250 g de semoule moyenne. Remuez, couvrez et laissez gonfler 10 minutes. Égrenez la semoule et incorporez 30 feuilles de menthe ciselée.

Mon couscous

Contrairement aux idées reçues, le couscous n'est pas le plat quotidien au Maroc. C'est le plat du vendredi, celui de la famille, des amis et des voisins. Seule contrainte : le couscoussier est IN-DIS-PEN-SA-BLE. Mais après, je ne vous raconte pas la fierté que vous éprouverez lorsque vos amis le dégusteront. Vous pourrez dire sans aucun complexe : « C'est moi qui l'ai fait ! »

Préparation : 45 minutes (la veille pour le trempage des pois chiches)
Cuisson : 1 h 25

INGRÉDIENTS POUR 6 PERSONNES

1 kg de semoule (moyenne ou fine)	1 gros oignon
1 kg de paleron de bœuf coupé en gros morceaux (ou de collier d'agneau)	100 g de pois chiches secs
	1 pincée de safran
4 tomates	1 cuillerée à café de gingembre en poudre
4 carottes	
4 navets	1 bouquet de persil plat
4 courgettes	1 bouquet de coriandre
1 gros piment rouge	125 g de beurre demi-sel
½ chou vert	1 cuillerée à café de sel
¼ de potiron	6 tours de moulin à poivre
2 branches de céleri	

1. La veille, faites tremper les pois chiches.

2. Le jour même, versez la semoule dans un grand saladier et humectez-la d'eau froide en frottant la graine entre la paume de vos mains. Déposez la semoule dans la partie haute du couscoussier et couvrez.

3. Dans la partie basse, disposez les morceaux de viande, les pois chiches, les épices, les herbes, l'oignon pelé, le sel et le poivre. Recouvrez de 3 litres d'eau et portez à ébullition. Mettez alors en place le haut du couscoussier et nouez un torchon roulé sur lui-même autour de la jointure du couscoussier. Laissez cuire 1 heure à petite ébullition.

4. Épluchez les carottes et les navets. Coupez le potiron en quartiers et le chou en deux. Coupez les courgettes en deux dans la longueur.

...

5. À la fin de la cuisson, versez la semoule dans le saladier. Humectez-la à nouveau d'eau froide en frottant la graine entre la paume de vos mains.

6. Remettez-la dans la partie haute du couscoussier et couvrez.

7. Dans la partie basse, déposez tous les légumes. Couvrez alors de l'étage supérieur contenant la semoule et nouez à nouveau le torchon autour du couscoussier. Laissez cuire 25 minutes à petite ébullition. Rectifiez l'assaisonnement si nécessaire.

8. Versez la semoule dans le saladier. Ajoutez le beurre coupé en petits morceaux et mélangez délicatement.

9. Dressez la semoule dans un grand plat creux. Disposez la viande au centre et les légumes autour. Deux écoles : arrosez la semoule de bouillon ou servez ce dernier dans un bol à part.

Le petit plus *Surtout, ne vous interdisez pas de faire cette recette s'il vous manque un ou deux des légumes cités. N'hésitez pas à en supprimer ou en rajouter selon vos goûts, vos envies et les saisons !*

Tagine aux keftas et aux œufs

Un autre grand classique des tagines ! C'est un peu le pendant de notre « steak à cheval » mais version berbère. Consensuel à souhait, les enfants en sont fous !

Préparation : 20 minutes
Cuisson : 1 h 20

Ingrédients pour 6 personnes

6 œufs
3 oignons hachés
1 cuillerée à café de paprika
1 cuillerée à café de gingembre en poudre
½ cuillerée à café de cumin en poudre

1 pincée de safran
½ bouquet de persil plat haché
½ bouquet de coriandre hachée
6 cuillerées à soupe d'huile d'olive
Sel, poivre du moulin

Pour les keftas

500 g de steak haché
1 gros oignon haché
½ bouquet de coriandre hachée

1 cuillerée à café de paprika
½ cuillerée à café de cumin en poudre
2 pincées de sel

1. Préparez les keftas : dans un saladier, mélangez tous les ingrédients et malaxez le tout. Façonnez des boulettes de la taille d'une noix en les roulant entre la paume de vos mains. Réservez.

2. Faites revenir les oignons dans une cocotte avec l'huile d'olive 5 minutes environ à feu moyen jusqu'à ce qu'ils compotent.

3. Ajoutez les épices, 1 pincée de sel et 8 tours de moulin à poivre. Versez 20 cl d'eau et mélangez bien. Couvrez et laissez mijoter 45 minutes à feu doux.

4. Retirez le couvercle de la cocotte et laissez réduire jusqu'à obtenir une sauce onctueuse et épaisse.

5. Disposez les boulettes de viande dans la cocotte. Parsemez de persil et de coriandre. Couvrez et laissez mijoter 20 minutes à feu doux.

6. Remuez délicatement les boulettes pour qu'elles s'enrobent de sauce. Cassez délicatement les œufs entre les boulettes. Couvrez et prolongez la cuisson à feu doux pendant 10 minutes. Servez aussitôt.

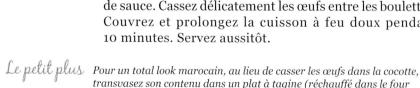

Le petit plus   *Pour un total look marocain, au lieu de casser les œufs dans la cocotte, transvasez son contenu dans un plat à tagine (réchauffé dans le four à 160 °C – th. 5-6), puis cassez les œufs dans le plat entre les boulettes. Couvrez et enfournez 10 minutes à 160 °C avant de servir.*

Poulet farci aux vermicelles chinois

Incroyable mais vrai ! Les Marocaines utilisent aussi des ingrédients asiatiques ! Rassurez-vous, les goûts et les arômes de ce plat restent, quant à eux, très marocains.

Préparation : 30 minutes
Cuisson : 1 h 30

INGRÉDIENTS POUR 6 PERSONNES

1 gros poulet	1 cuillerée à café de gingembre en poudre
200 g de vermicelles chinois	1 cuillerée à café de curcuma
100 g de pistaches émondées	1 pincée de safran
100 g de raisins blonds secs	¼ de bouquet de persil plat
12 olives violettes dénoyautées	¼ de bouquet de coriandre
1 oignon rouge	6 cuillerées à soupe d'huile d'olive
1 gousse d'ail	Sel, poivre du moulin
1 citron confit	

1. Déposez les vermicelles dans un plat creux et recouvrez-les d'eau bouillante. Laissez-les gonfler 5 minutes puis égouttez-les. À l'aide de ciseaux, coupez-les en morceaux de 2 cm.

2. Hachez grossièrement les pistaches et les olives. Retirez et jetez la chair du citron confit, puis coupez l'écorce en fines lanières. Hachez le persil et la coriandre.

3. Dans un saladier, mélangez les vermicelles, les raisins, les pistaches, les olives, l'écorce de citron confit, le gingembre, le curcuma et les herbes, 4 cuillerées à soupe d'huile d'olive, 1 bonne pincée de sel et 8 tours de moulin à poivre. Amalgamez bien le tout pour former une farce homogène.

4. Remplissez de farce l'intérieur du poulet.

...

...

5. Pelez et hachez l'ail et l'oignon. Faites-les revenir ainsi que le safran dans une cocotte avec le reste d'huile 5 minutes à feu moyen.

6. Déposez le poulet farci dans la cocotte. Arrosez-le de 20 cl d'eau chaude et laissez mijoter à couvert pendant 1 heure à feu doux.

7. Préchauffez le four à 200 °C (th. 6-7).

8. Retirez le couvercle de la cocotte et enfournez pendant 30 minutes. Servez bien chaud.

Le petit plus   *Vous pouvez remplacer les vermicelles chinois par 200 g de semoule : recouvrez-la de 20 cl d'eau bouillante et laissez-la gonfler pendant 10 minutes. Après avoir égrené la semoule à l'aide d'une fourchette, mélangez-la avec les mêmes ingrédients de la farce.*

Tagine de moules

De quoi ringardiser nos sempiternelles « moules marinière » !

Préparation : 15 minutes
Cuisson : 7 minutes

INGRÉDIENTS POUR 6 PERSONNES

2 kg de moules de bouchot nettoyées
4 tomates émondées, épépinées
et coupées en petits dés
4 gousses d'ail
1 cuillerée à café de raz-el-hanout

1 bouquet de coriandre
4 cuillerées à soupe d'huile d'olive
½ cuillerée à café de sel
8 tours de moulin à poivre

1. Pelez et hachez l'ail. Hachez la coriandre.

2. Dans une cocotte ou un plat à tagine, faites chauffer l'huile d'olive, puis faites dorer l'ail 1 minute à feu moyen. Ajoutez les tomates, le raz-el-hanout, le sel et le poivre. Faites revenir le tout 2 minutes à feu vif.

3. Versez les moules dans la cocotte et mélangez bien. Couvrez et laissez cuire 5 minutes à feu vif.

4. Hors du feu, ajoutez la coriandre et remuez à nouveau. Couvrez et laissez infuser 2 minutes.

5. Servez le tagine brûlant !

Le petit plus Pour émonder les tomates, retirez le pédoncule puis entaillez le dessus des tomates d'une croix ; plongez-les 10 secondes dans l'eau bouillante. Égouttez-les et passez-les sous l'eau froide : la peau s'enlève « comme qui rigole ».

Focaccia maghrébine

Il m'arrive parfois de jouer au cuisinier-marieur : c'est comme ça qu'est né cet hybride italo-marocain. Ni un pain, ni une pizza, encore moins un gâteau, mais un peu de tout ça à la fois pour, au final, donner un formidable accompagnement pour vos salades et grillades estivales !

Préparation : 10 minutes + 1 heure de levée pour la pâte
Cuisson : 30 minutes

INGRÉDIENTS POUR 6 PERSONNES

7 petites tomates (ou 12 tomates cerises)
2 cuillerées à soupe d'huile d'olive

Pour la pâte

200 g de semoule de blé fine
1 cuillerée à café de cumin en grains
½ bouquet de coriandre ou de persil
100 g de farine

10 g de levure de boulanger
1 cuillerée à soupe de miel
3 cuillerées à soupe d'huile d'olive
½ cuillerée à café de sel

1. Préchauffez le four à 180 °C (th. 6).

2. Préparez la pâte : dans un saladier, mélangez la semoule, la farine et le sel. Ajoutez 1 verre d'eau et l'huile d'olive, puis pétrissez la pâte.

3. Diluez la levure et le miel dans 1 verre d'eau tiède et incorporez le tout au mélange semoule-farine. Ajoutez 1 verre d'eau dans le saladier et pétrissez la pâte jusqu'à formation d'une boule homogène (incorporez un peu d'eau si la pâte n'est pas assez élastique). Ajoutez le cumin et les herbes hachées. Pétrissez à nouveau.

4. Étalez la pâte dans un moule à gâteau préalablement badigeonné d'1 cuillerée à soupe d'huile d'olive.

5. Couvrez d'un linge et laissez reposer 1 heure à température ambiante afin que la pâte lève.

6. Plantez les tomates dans la pâte. À l'aide d'un pinceau, badigeonnez le dessus avec la dernière cuillerée d'huile.

7. Enfournez et laissez cuire 30 minutes.

Le petit plus *Comme pour un cake traditionnel, amusez-vous à décliner cette recette selon vos envies et ce qui vous tombe sous la main : jambon-olive, feta-menthe, noix-roquefort...*

Kouign amann marrakchi

Cette petite galette feuilletée, appelée m'semen, est un peu l'équivalent de notre kouign amann. C'est surtout l'amie du petit-déjeuner ou de la collation de 16 heures dans tout le royaume du Maroc. Un thé à la menthe en accompagnement et le voyage commence...

Préparation : 15 minutes
Cuisson : 25 minutes

INGRÉDIENTS POUR 12 M'SEMEN
250 g de farine
10 cl d'huile de tournesol
½ cuillerée à café de sel

1. Dans un saladier, mélangez la farine et le sel. Ajoutez 20 cl d'eau et pétrissez la pâte jusqu'à ce qu'elle devienne élastique tout en restant légèrement collante (incorporez un peu de farine si elle est trop liquide).

2. Avec vos mains huilées façonnez une douzaine de pâtons.

3. Aplatissez 1 pâton très finement sur une grande assiette ou une plaque huilée.

4. Huilez la pâte et repliez les bords vers le centre de manière à former un carré ou un rectangle. Aplatissez-le à nouveau et huilez encore une fois. Réalisez ainsi les autres crêpes.

5. Dans une poêle bien chaude, déposez les crêpes deux par deux et faites cuire 2 minutes de chaque côté à feu moyen.

6. Servez ces crêpes feuilletées nature ou avec un mélange de miel et beurre fondu.

Le petit plus Doublez les quantités et congelez le surplus... le bon filon pour déguster ces délicieuses crêpes au saut du lit !

Couscous au melon et au miel

Je dois l'avouer : cette recette m'a été transmise par mon ami Moha Fedal, chef d'un des plus grands restos de Marrakech. À travers ce surprenant dessert, un aperçu de la nouvelle gastronomie marocaine.

Préparation : 15 minutes
Cuisson : 10 minutes

INGRÉDIENTS POUR 6 PERSONNES

1 gros melon charentais ou espagnol
250 g de boulgour (grosse graine)
250 g de fromage blanc à 30 ou 40 % de matière grasse (ou 2 yaourts à la grecque)

1 poignée de pistaches émondées hachées
3 cuillerées à soupe de miel liquide
4 cuillerées à soupe de sucre glace

1. Plongez le boulgour dans 1 litre d'eau bouillante et faites-le cuire 10 minutes à feu moyen. Égouttez-le.

2. Mélangez le sucre glace et le boulgour. Déposez ce mélange dans un plat creux.

3. Coupez le melon en deux et épépinez-le. À l'aide d'une cuillère parisienne, prélevez des billes de melon (ou découpez des petits dés avec un couteau). Disposez le melon en dôme au centre du boulgour.

4. Répartissez le fromage blanc autour du melon.

5. Juste avant de servir, arrosez le tout de miel et parsemez de pistaches hachées.

Le petit plus Ce dessert peut aussi devenir une variante de votre habituel bol de fruits-céréales du petit-déjeuner...

Millefeuilles berbères

Il s'agit ni plus, ni moins, de la célèbre pastilla au lait très largement revisitée par mes soins. Mais pas de stress : vos invités seront, quoi qu'il arrive, transportés au Maroc et nulle part ailleurs...

Préparation : 30 minutes
Cuisson : 5 minutes

INGRÉDIENTS POUR 6 MILLEFEUILLES INDIVIDUELS

6 feuilles de brick	2 cuillerées à soupe de mascarpone
1 barquette de framboises	40 cl de crème liquide entière froide
1 barquette de mûres	100 g de beurre fondu
1 barquette de cassis	2 cuillerées à soupe de sucre semoule
Les graines de 3 gousses de vanille	4 cuillerées à soupe de sucre glace

1. Préchauffez le four à 200 °C (th. 6-7).

2. Mélangez le beurre et 2 cuillerées à soupe de sucre glace.

3. Déposez les feuilles de brick sur votre plan de travail. À l'aide d'un verre et d'un petit couteau, découpez dans chaque feuille 6 disques de 10 cm de diamètre.

4. Badigeonnez 18 disques de beurre fondu. Recouvrez-les d'un second disque et badigeonnez-le de beurre.

5. Déposez les disques de pâte sur la plaque du four recouverte de papier sulfurisé. Enfournez et laissez dorer 5 minutes.

6. Fouettez la crème liquide en chantilly avec le mascarpone, les graines de vanille et le sucre semoule. Réservez au frais.

7. Juste avant de servir, dressez chaque millefeuille en alternant 3 disques de brick, une couche de chantilly vanillée et les fruits rouges. Saupoudrez du reste de sucre glace pour décorer.

Le petit plus *Pour disposer joliment la chantilly sur les disques, utilisez une poche à douille version Mac Gyver : remplissez un sac congélation de chantilly, fermez-le, coupez un coin... tartinez !*

Le bonus de Fred
Une dernière pour la route...

Je ne pouvais résister au plaisir de vous livrer ma recette fétiche des petits pains marocains. Je ne sais pourquoi, mais il est vrai que réaliser son propre pain fait de vous un super-héros aux yeux de vos invités. Et si ce pain est diablement bon, alors, je ne réponds plus de rien... Bien sûr, n'attendez pas de cuisiner marocain pour vous y atteler : il s'accorde avec tout type de plats, même les plus franchouillards !

Préparation : 10 minutes + 1 heure de levée pour la pâte
Cuisson : 20 minutes

INGRÉDIENTS POUR 6 PETITS PAINS

100 g de farine	1 cuillerée à soupe de miel
10 g de levure de boulanger	3 cuillerées à soupe d'huile d'olive
200 g de semoule de blé fine	½ cuillerée à café de sel

1. Préchauffez le four à 180 °C (th. 6).

2. Dans un saladier, mélangez la semoule, la farine et le sel.

3. Diluez la levure et le miel dans un verre d'eau tiède et incorporez ce mélange à la farine.

4. Versez l'huile d'olive et ½ verre d'eau tiède dans le saladier puis pétrissez le tout jusqu'à ce que la pâte forme une boule homogène (ajoutez un peu d'eau si la consistance n'est pas assez élastique).

5. Divisez la boule en 6 pâtons puis formez des disques. Disposez-les sur la plaque du four recouverte de papier sulfurisé. Couvrez d'un linge et laissez reposer 1 heure à température ambiante.

6. Enfournez et laissez cuire 20 minutes.